大美中老

中老铁路站房建设风采

中铁建设编委会 / 编著

中国铁道出版社有限公司
CHINA RAILWAY PUBLISHING HOUSE CO., LTD.

图书在版编目 (CIP) 数据

大美中老 : 中老铁路站房建设风采 / 中铁建设编委会编著 . —北京：中国铁道出版社有限公司 , 2022.7（2024.4 重印）
ISBN 978-7-113-28873-0

I. ①大… II. ①中… III. ①铁路车站 - 站房 - 建筑工程 - 介绍 - 中国、老挝 IV. ① U291.1

中国版本图书馆 CIP 数据核字 (2022) 第 027626 号

书　　名：大美中老——中老铁路站房建设风采
作　　者：中铁建设编委会

责任编辑：田银香　　编辑部电话：（010）51873659
封面设计：闰江文化
版式设计：MXK DESIGN STUDIO
责任校对：孙玫
责任印制：赵星辰

出版发行：中国铁道出版社有限公司（100054，北京市西城区右安门西街8号）
网　　址：http://www.tdpress.com
印　　刷：北京盛通印刷股份有限公司
版　　次：2022年7月第1版　2024年4月第2次印刷
开　　本：787 mm×1 092 mm 1/8　印张：10.75　字数：150千
书　　号：ISBN 978-7-113-28873-0
定　　价：98.00元

前言

春风一甲子，风华一百年。

2021年是中国共产党成立100周年，也是中老两国建交60周年。

2021年12月3日，中共中央总书记、国家主席习近平同老挝人民革命党中央总书记、国家主席通伦举行视频会晤，共同见证中老铁路通车。这条钢铁巨龙，从中国昆明出发，穿越磨盘山、哀牢山、无量山，跨过元江、阿墨江、把边江、澜沧江，经过中老铁路友谊隧道进入老挝，最终抵达老挝首都万象，绵延千余公里，是“一带一路”倡议提出后，首条以中方为主投资建设、全线采用中国技术标准、使用中国设备并与中国铁路网直接连通的国际铁路，是“一带一路”的标志性工程。

作为中国高铁站房建设主力军，中铁建设承建了中老铁路线上包括老挝首都万象站、文化古都琅勃拉邦站、精品站房新标杆墨江站在内的12座新建站房，以及昆明南站和数十座独具特色的生产生活房屋、调度中心房屋、总部基地等附属工程。

建设一条铁路，打开世界窗口。为了尽快建成这条友谊之路，满足中老民众翘首以盼的期待，2020年5月1日，中铁建设人带着铮铮誓言，迈着铿锵步伐，投入中老铁路国外、国内段建设中。

梦想之路，在拼搏与坚守中一笔笔绘就。近百名管理人员，数千名一线作业人员，分秒必争，在新春佳节之际，他们没有与亲人团聚；在中秋月圆之时，他们与“战友”月下并肩作战；为了抢工期、保进度，有人将婚期一推再推；为了战疫情、抓生产，有人忍受着病痛的折磨……580天，162名管理人员，2760名工人奋战在施工一线，中铁建设人以国之重器的担当，以创新、协调、绿色、开放、共享的新发展理念为引领，用言出必行、有诺必践的实际行动，践行国铁集团“畅通融合、绿色温馨、经济艺术、智能便捷”的客站建设新理念和“精心、精细、精致、精品”的客站建设要求，打造出标志性、示范性铁路站房精品工程，向世界证实了“中国速度”与“中国精神”！

弄潮儿向潮头立。中铁建设在建设过程中始终关注老挝国家利益和人民福祉，把基础设施的开发融入其经济发展的总体布局和长远规划中，以高标准定位、高起点布局、高质量开工为目标，不仅高质量建成铁路站房，还把中国的新技术、新装备、新材料一并带出去，把先进的技术、管理输送出去，提高当地的建设能力和技术水平，培养当地人才。“中国师傅”用“中国方案”让“老挝籍徒弟”变身技术达人，传递中老友谊，已经传为佳话，数百名老挝籍员工实现就业，促进当地经济发展。

互利共赢，福泽万方。乘着“一带一路”的东风，这条友谊之路、绿色之路、科技之路、开放之路必将让沿线各国人民追求和平发展的共同梦想交织起来，奏响共同发展的交响乐！

编 者

2021年12月

领导关怀

2021 年 10 月 12 日，中国国家铁路集团有限公司副总经理、党组成员王同军添乘调研元江站、墨江站

2021 年 9 月 27 日，中国国家铁路集团有限公司总工程师郑健一行到墨江站调研指导工作

2021 年 8 月 30 日，中国国家铁路集团有限公司副总工程师、建设管理部主任王峰到墨江站检查调研

2021 年 6 月 9 日，中国国家铁路集团有限公司副总工程师、建设管理部主任王峰到野象谷站检查调研

2021 年 4 月 10 日，中国铁路昆明局集团有限公司董事长王耕捷到墨江站检查工作

2021 年 8 月 3 日，中国铁路昆明局集团有限公司董事、党委副书记李洪明到墨江站检查工作

2021 年 6 月 3 日，中国铁路昆明局集团有限公司纪委副书记谢华均一行到墨江站检查指导联创共建“廉洁之路”工作

领导关怀

2020 年 12 月 24 日，老中铁路有限公司董事长鞠国江到万象站检查指导工作

2021 年 8 月 18 日，老中铁路有限公司董事长鞠国江到琅勃拉邦站调研

2020 年 8 月 17 日，老中铁路有限公司总经理肖乾文一行到琅勃拉邦站检查指导工作

2021 年 2 月 8 日，老中铁路有限公司总经理肖乾文一行深入调研琅勃拉邦站建设情况并慰问参建单位

2021 年 12 月 3 日，中国铁建党委常委、副总裁王立新，中铁建设党委书记、董事长梅洪亮应邀出席中老铁路通车仪式

2021 年 12 月 3 日，中国铁建党委常委、副总裁王立新，中铁建设党委书记、董事长梅洪亮与中老铁路玉磨段建设者代表乘坐中老铁路首发列车

2021 年 12 月 3 日下午，中铁建设建设者代表在万象站视频分会场参加中老铁路通车仪式

中铁建设承建的新建中老铁路磨丁至万象段工程获评 2022—2023 年度中国建设工程鲁班奖（境外工程）

目录

目录

风 采 篇

大美中老，山河见证。

中铁建设坚持“一站一景”，将中老铁路沿线地域文化元素融入站房建设。万象站候车大厅吊顶，寓意吉祥的中国结和老挝国花占芭花交织融合，传递中老友谊；琅勃拉邦站内融入老挝香通寺生命树造型、王宫博物馆莲花纹样，展现千年古都历史底蕴；墨江站内，哈尼族人民眼中象征幸福吉祥的白鹇鸟图腾环抱太阳图案跃然于九宫格吊顶之上；野象谷站内“象鼻喷水”“大象漫步”，营造“人循象迹”的文化互动……13座精品客站各具特色，与周边自然环境完美契合，成为展示地域特色的“窗口”，尽显风采。

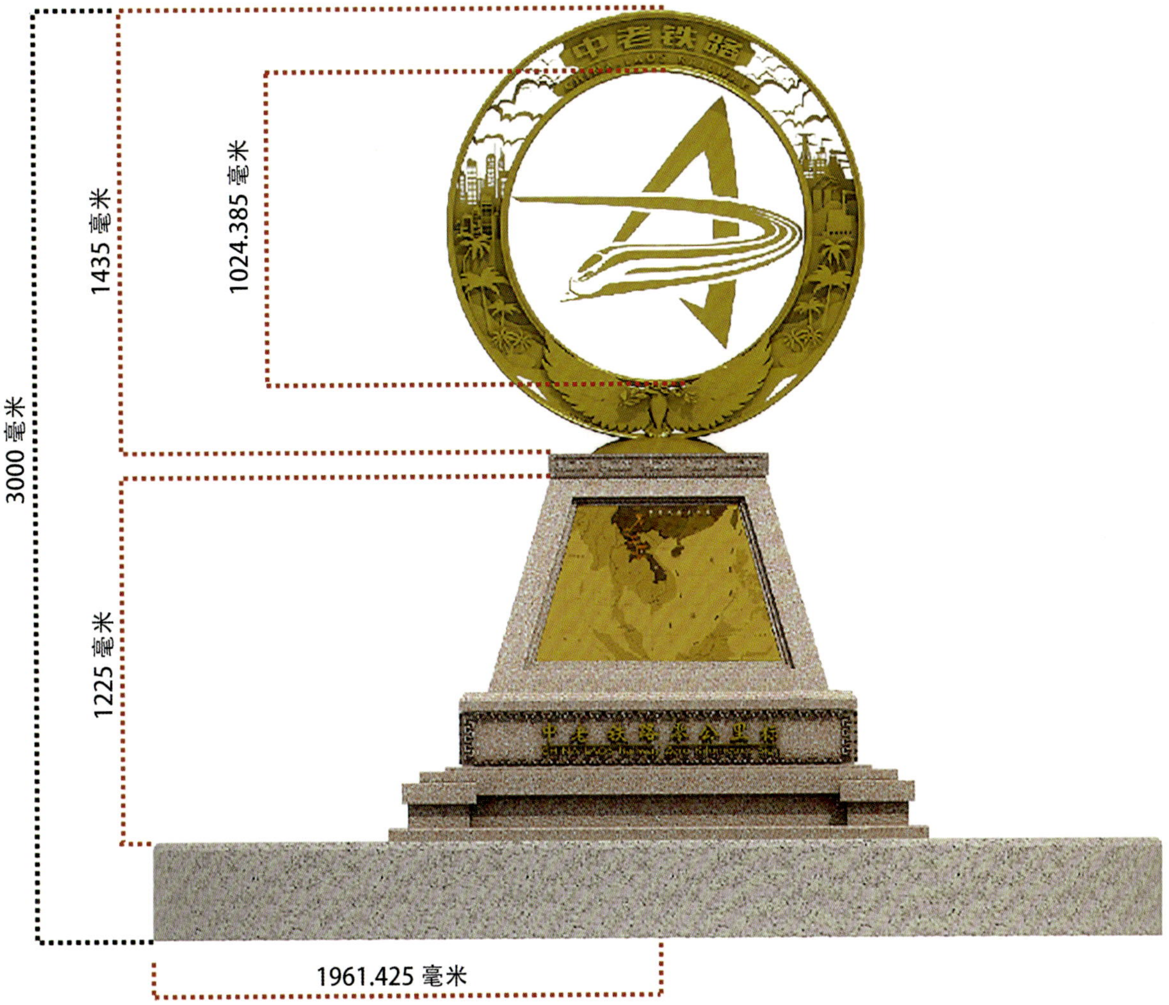

零公里标

中老铁路“零公里标”纪念雕塑，代表着中老铁路的起点，更象征着中老两国和平发展、命运与共的美好希冀。

零公里标纪念雕塑由徽标、基座、底座三部分构成，其各构件尺寸与中老铁路建设息息相关，与中老两国建交以来的重要时刻交相辉映，毫厘之间都吐露着中老铁路作为“一带一路”标志性工程的重大意义。

1435 毫米的徽标外径，寓意中老铁路标准轨距；1225 毫米的基座高度，记录中老铁路始建于 2016 年 12 月 25 日；1961.425 毫米的圆形底座下缘半径，记载着中老两国 1961 年 4 月 25 日建交重大时刻。

纪念雕塑两侧印刻的东南亚城市风情与上圆下方基座相互结合，体现中老两国文化融合；而打造纪念雕塑选用隧道挖掘石材，寓意中老两国山水相连，更标志中老两国以中老铁路贯通为契机的纪念坚如磐石的中老之谊。

万象站

万象，老挝人民民主共和国首都，湄公河畔的明珠之都，是老挝全国的政治、经济、文化中心和最大城市。坐落于此的万象站，是中老铁路国外段面积最大的站房。

万象站设计规模为 3 站台 5 线（含正线），预留 2 站台 2 线，站房设于正线南侧，车站按最高聚集人数 2500 人设计。站房建筑面积为 14543.45 平方米。

万象站以“檀木之城、中老之谊”为设计理念，深度融合中老两国文化。正立面主入口结合老挝当地建筑特色，采用中式建筑比例，8 棵树枝造型檐廊立柱，在细节上充分展现万象“檀木之城”“森林之都”的环境风貌。站房候车大厅吊顶以中间为界，两侧 80 米的曲线吊顶充分展示“中老友谊之盛开占芭花”，雕刻中国结与老挝国花占芭花组合图案，吊顶曲面铝板单个面积达 100 平方米，创下中老铁路全线单块铝板面积之最。万象站候车大厅地面雕刻图案元素与上方吊顶遥相呼应，向旅客传递祝福，尽显中老友谊。

万象站正立面主入口结合老挝当地建筑特色，采用中式建筑比例，其中 8 棵树枝造型檐廊立柱在细节上充分展现万象“檀木之城”“森林之都”的环境风貌。

室内装饰柱墩采用老挝凯旋门莲花底座和塔銮佛龛造型，
造型端庄大气，体现老挝地标建筑艺术信息。

万象站候车大厅吊顶以中间为界，两侧 80 米的曲线吊顶雕刻中国结与老挝国花占芭花组合图案，充分展示“中老友谊之盛开占芭花”。

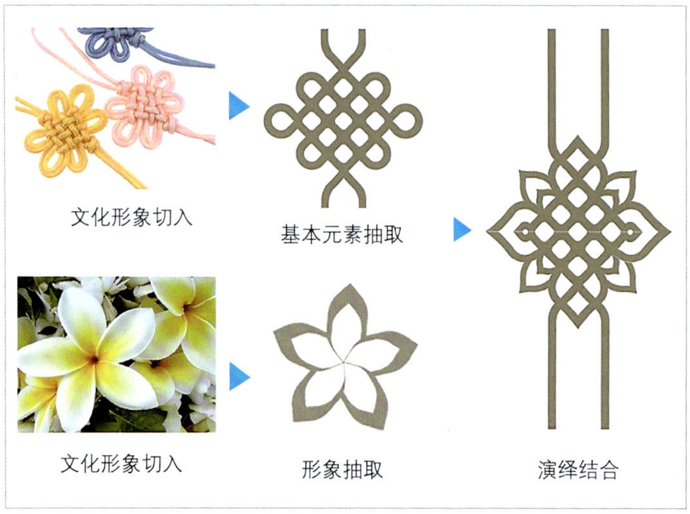

中国文化有中国结，老挝文化有拴线仪式，占芭花是老挝国花，通过绳结与占芭花的组合演绎成一种“中国结”图案应用到空间当中来，象征中老友谊，表达祝福，寓意吉祥美好。

吊顶曲面铝板单个面积达 100 平方米，创下中老铁路全线单块铝板面积之最。

万象站贵宾室采用凿井形式，吊顶九宫格内嵌入圆形图案，图案由中国结、澜沧号动车组元素及老挝的皇家寺庙、塔銮、凯旋门、大象、占芭花等图案元素共同组成。

万象站母婴室墙面绘制老挝织锦图案（大象、小鹿），搭配浅米黄色墙面，柔和温馨。

琅勃拉邦站

琅勃拉邦站位于老挝著名世界文化遗产地、风景名胜区和有着“千年古都”美誉的琅勃拉邦省，站房建筑面积 7970 平方米，设计规模为 2 站台 4 线，最高聚集人数 1200 人，是仅次于首都万象站的老挝第二大车站。

该站房按照“人间净土、上寮古都”的主题设计，以老挝香通寺和王宫博物馆“人”字形叠层屋顶为整体空间意象，采用天安门城楼和城垛式造型，站房屋面为双曲面及多曲面“川”字形和“人”字形结构。

站房正面的“人”字形山墙面象征老挝的崇山峻岭，山墙条条横栏陈列而下，与老挝著名的关西瀑布相呼应，将“山”“水”“人”元素巧妙融合，象征人与自然和谐统一。

为把琅勃拉邦站打造成为地域文化与建筑艺术融合的典范工程，中铁建设先后对该站房进行 5 次装饰装修深化设计，结合了中国传统门斗、特色窗花等传统建筑结构，融入了老挝香通寺生命树造型、王宫博物馆莲花纹样、老挝国花占芭花、山脉造型等多种文化元素，完美体现两国美学文化，被誉为中老铁路最具文化特色站房。

站房侧面的“卅”字形异形结构

站房正面的“人”字形异形结构

作为中老铁路最具特色、造型最为复杂的站房，琅勃拉邦站“卅”字形和“人”字形异形结构屋面钢结构网架多达 5 层，杆件型号 500 余种，含有 8 种规格 1650 颗螺栓球，542 种规格 6732 根网架杆件，且屋面面板为双曲面及多曲面异形板，施工标高控制点多达 450 个，安装工序多、拼装量大，施工难度居全线之首。

老挝王宫博物馆

“人”字形屋顶元素

“人”字形山墙面

琅勃拉邦站立柱柱墩下方上圆，装饰有莲花、占芭花等纹样，与设计主题中的“净”相对应。

琅勃拉邦站站房门廊幕墙采用中国窗花设计，门柱结合了中国传统建筑门斗和老挝王宫博物馆梁柱支撑结构，展现建筑结构之美。

琅勃拉邦站采用天安门城楼和城垛式造型。

琅勃拉邦站候车大厅以金黄色为主色调，营造出身临“皇宫”、行走佛堂的空间效果；两侧吊顶各为 5 个圆弧形佛手掌纹，在“人”字形屋顶上形成“合十”的意象，充分体现了老挝布施文化中的“奉献”理念，也彰显出“一带一路”共商、共建、共享的合作理念。

山脉造型运用

老挝浦西山

山脉造型元素提取

香通寺“生命之树”在老挝神话中有着诞生万物的传说，琅勃拉邦站候车大厅设计“生命之树”造型，既是对老挝传统文化的传承，也是“人类命运共同体”中公平、开放、包容、共赢理念的彰显。

候车大厅“生命之树”造型

老挝香通寺“生命之树”

“生命之树”元素提取

琅勃拉邦站站房售票厅立柱、候车大厅吊顶、外立面立柱等为老挝国花占芭花、中国唐艾草、古生物神龙兽尾结合而成的装饰纹路，充分展现出琅勃拉邦地域文化特色，增加了浓厚的文化艺术气息。

设计中融入占芭花、唐艾草、兽尾元素。

蓬洪站

蓬洪站位于老挝蓬洪县，建筑面积为 1498.7 平方米，设计规模为 2 站台 3 线（含正线），车站设计最高聚集人数 300 人。

蓬洪站是中老铁路国外段新建 10 个客运站房中率先完成室内外一次性整体亮相的车站。站房外立面以老挝传统坡屋面建筑与中国建筑最鲜明特色的飞檐翘角和斗拱室外幕墙柱头造型交织融合，候车大厅以木色和米白色为基本背景色，伴有老挝国花占芭花形状点缀的室内柱头充分展现“中寮之秀、魅力蓬洪”设计理念。站房外幕墙斗拱造型复杂、工艺精巧，项目技术团队通过 BIM 技术建模，将整个斗拱拆分成不同构件再进行组装，避免斗拱与龙骨产生冲突，实现安装全过程可视化。蓬洪站外幕墙斗拱通过科技创新施工，以“智慧建造”助力文化提升，还原中国古建筑斗拱的神秘感。

蓬洪站站房外立面以老挝传统坡屋面建筑与中国建筑特色鲜明的飞檐翘角和斗拱室外幕墙柱头造型交织融合。

蓬洪站候车大厅以白色调为主，吊顶、装饰柱配以老挝木色线条，简洁大气。

大厅一角

内装饰柱

万荣站

万荣站位于老挝万象市万荣县，总建筑面积约 5000 平方米，站台设计规模为 2 站台 4 线，最高聚集人数为 600 人。

该站房借鉴了中国传统屋脊和老挝叠层檐顶的特点，门头融入了中国传统山墙形象和当地服装色彩风格。车站正立面主入口以山势为形，舒缓延伸，屋脊层叠流动平雅。内部装饰简约大气，空间灵动活泼，展现出一幅“新中式”建筑与自然和谐共生的绿色画卷。眺望万荣站，远处青山霭霭暮云横，近处站房磅礴气势显。

万荣站候车大厅以白色为基本色，以当地建筑上提取出的木色、咖啡色为空间点缀色，实现整体建筑融入自然的设计目的；站房把万荣喀斯特地貌及南松河元素相结合，将山水相映、刚柔结合的理念应用到室内吊顶上，展现万荣依山傍水的城市特征。

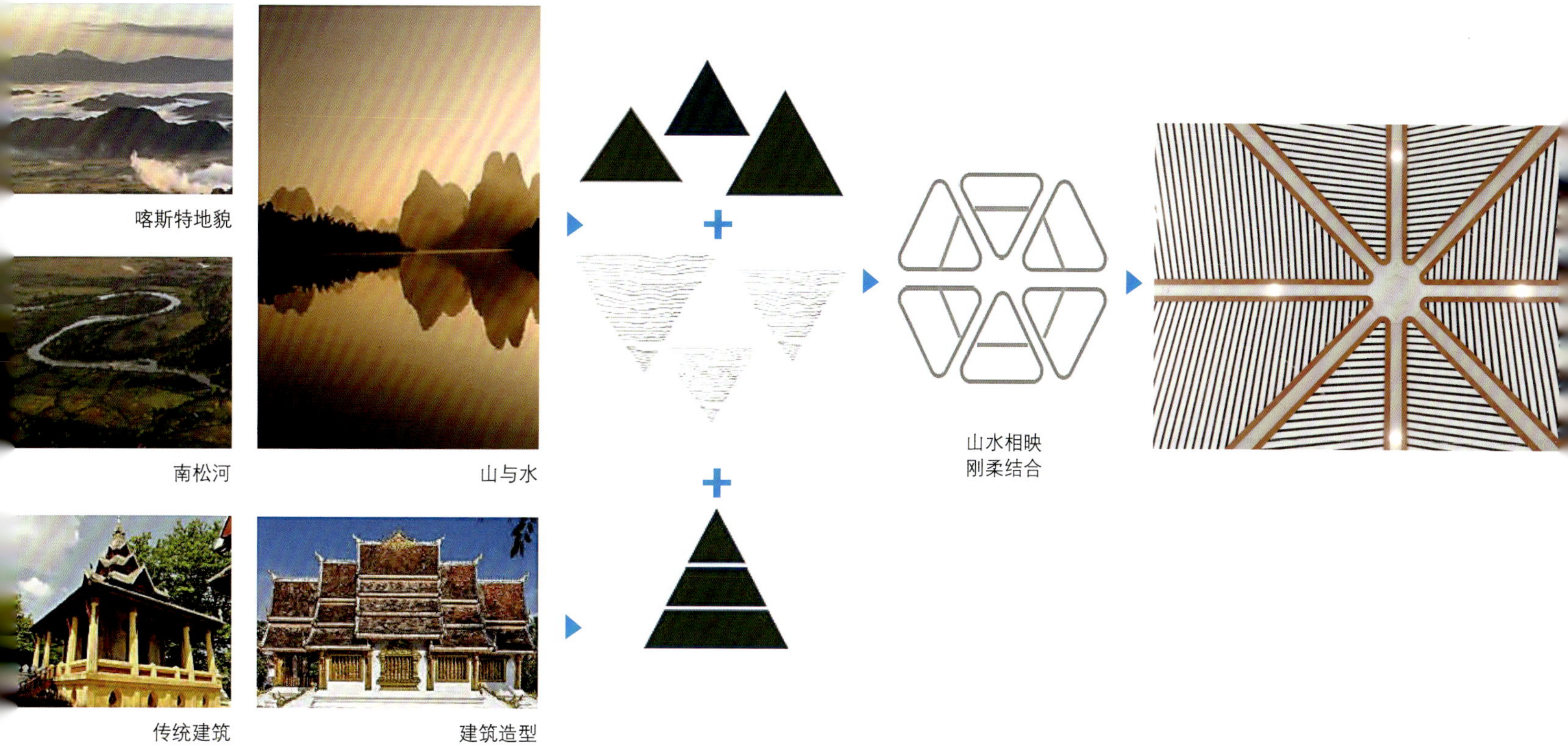

嘎西站

嘎西站位于老挝万象市嘎西县，站房建筑面积 1498.7 平方米，设 1 站台 3 线，最高聚集人数 150 人。

该站房以中国传统建筑山墙面为主要形象符号，“人”字弧形面造型优美，站房外立面色泽明亮，与后方的绿水青山融为一体、相映成趣。

嘎西站站房内部装修以桃木色和米白色为基本背景色，墙壁装饰融入寓意美满团圆的“中国结”文化元素、老挝国花占芭花和老挝民族装饰等文化意象符号，象征着中老两国深厚的友谊。

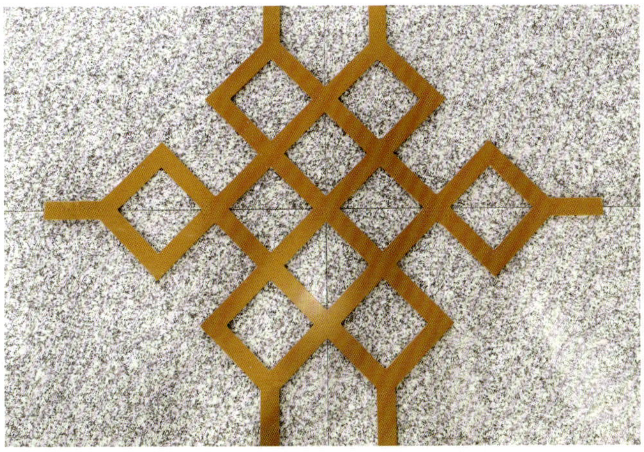

墨江站

墨江站位于云南省普洱市墨江哈尼族自治县。墨江是中国唯一的哈尼族自治县，有“哈尼之乡、紫米之乡、双胞之家、北回归线上的城市”之称。

墨江站以“哈尼风情、紫米之乡”为设计理念，站房建筑面积 4990.16 平方米，设计规模为 2 站台 5 线，是中老铁路国内段全线站房标杆工程。

远眺墨江站，屋面高低起伏、层次丰富，融入山峦重叠，更似哈尼族聚居地群落。站房正立面设有一道柱廊，装饰柱形似紫米酒瓶。站房候车大厅吊顶处，在哈尼族人民眼中象征幸福吉祥的白鹇图腾环抱太阳图案以九宫格形式排列；站房候车大厅立柱和各风口遮挡处装饰衍生于哈尼族服饰中的八角花图案、传统民居住宅中象征太阳的六角形图案；卫生间墙壁上添加哈尼梯田元素定制马赛克，处处细节让置身站房的旅客感受到浓郁的哈尼风情，极具民族风情和地域特色的墨江站，亦站亦景，堪称城市“新名片”。

墨江站为弧形站台，采用弧形异形仿清水混凝土结构雨棚。

墨江站建筑正立面设有一道柱廊，装饰柱形似紫米酒瓶，既能满足遮阴避雨需求，又充分展示出云南民族建筑特色。紫米酒瓶造型柱，通过节点优化，采用搭接式密拼安装方法，加强了双曲面柱棱角与柱身的拼装，且与屋檐椽型屋檐全部对缝。

墨江站候车大厅

墨江站候车大厅立柱装饰图将碧溪古镇、双胞文化园、墨江文化 LOGO 三种独具墨江特色的文化元素根据主次形成视觉图案。

墨江站候车大厅吊顶中间九宫格太阳图形与白鹇图腾相结合，配以墨江紫米与茶叶构成图案，象征哈尼族智慧、勤劳和光明的前程。

野象谷站

野象谷站位于云南省景洪市勐养镇。勐养镇地处“联合国教科文组织人与生物圈保护区”之内，因毗邻亚洲象自然保护区而得名，周边时常有野象出没。

野象谷站站房建筑面积 2498.22 平方米，设计规模为 2 站台 4 线，站房以“热带雨林、自然野象谷”为设计理念，整体造型远眺如同一只亚洲象挺着象牙在热带雨林里悠闲地漫步。站房整体色彩分别从野象谷当地大象身上提取大象灰色和象牙白色为基本背景色，从建筑上提取的佛手黄和自然植物元素提取出棕榈绿色为空间点缀色。候车大厅内，项目团队提取象鼻喷水的生动造型，将变形铝板结合穿孔板应用于吊顶区域，由大象足迹元素演变的站房圆角矩形图案均匀排布于站房吊顶，通过“人循象迹”的文化互动，提升旅客的出行体验。

野象谷站整体造型沿用傣族古典礼制建筑形式，远眺如同一只亚洲象挺着象牙在热带雨林里悠闲地漫步。

野象谷站外立面以现代手法演绎热带雨林树木错综复杂的效果。

野象谷站屋面遮挡格栅

从野象谷的突出代表“大象”提取设计元素，象鼻形态朝上寓为喷水象，造型生动。从“大象漫步” 留下的脚印获得灵感，提取足迹元素，将随机排布的矩形单元在空间中加以运用，效仿足迹排列，寓意“循象迹、行万里路”旅客出行平安。

峨山站

峨山站位于云南省玉溪市峨山县。峨山旧名嶍峨，有“临郡岩邑，省会南藩”之称，是我国第一个彝族自治县，更是云南省第一个实行民族区域自治的地方。

峨山站站房建筑面积 2536 平方米，设计规模为 2 站台 4 线。为充分展现“彩云之南、彝珠峨山”的设计理念，峨山站整体以当地彝族服饰的红褐色和茶山大地棕色为主色调，搭配民居白色、灰色点缀，站房装饰中凝练峨山彝族传统文化中的“花鼓舞”，将“鼓”简化为六边形后搭配彝族多样图腾进行有序排布，应用于站房候车大厅吊顶铝板与墙面装饰，营造“安定、朴实、温馨”的室内氛围，充分展现峨山彝族人民浪漫淳朴、能歌善舞的民族特色。

峨山站候车大厅吊顶提取峨山当地服饰的红棕色和茶山大地色棕色为基本背景色。配以民居特色提取出白色、灰色，呼应设计主题的同时，使空间更为自然、灵动。

峨山站候车大厅主柱把彝族火把节的火堆与彝族太阳历相结合组成柱头图案，进行有序排布，空间的中心点体现天下彝家亲的概念。

峨山站候车大厅立柱提取花腰彝族服饰中的纹样花饰，运用到空间设计中。

化念站

化念站位于玉溪市罗里县化念镇。化念镇是多民族聚居地，其中以汉族、彝族、哈尼族为主，具有深厚的民族文化底蕴。

化念站站房建筑面积 1500.44 平方米，设计规模为 2 站台 4 线。化念站以“玉磨明珠、秀翼化念”为设计理念，整体造型源于对化念秀山绿水文化的传统元素挖掘提炼，项目团队以现代建筑工艺结合传统材料，充分展现化念的地理与人文风情。化念站幕墙装饰纹路取自当地少数民族祭祀古树——祭龙树，站房颜色分别以木色和米白色为基本背景色，打造祭龙树的木纹质感，使站房内部空间更为自然清新。

化念站候车大厅源自民居屋顶和树的形态，并配以铝条板穿插造型设计组合演绎。

元江站

元江站位于云南省元江哈尼族彝族傣族自治县。此地盛产芒果，是国家园林县城。

元江站以“世外桃源、生态元江”为设计理念，站房建筑面积 2979.84 平方米，设计规模为 2 站台 4 线。80 棵芒果树成功“入驻”元江站区，无果时树叶一年四季葱翠碧绿，有果时站区各处果香四溢，是践行生态环保理念的成功典范。

站房整体造型源于对元江多民族多文化传统的元素发掘提炼，项目团队以现代的建筑手法结合传统材料展现出元江的独特风情和多姿多彩的灿烂文化。站房整体以棕色为主色调，以灰绿、灰蓝为点缀色，站房内部融入源自元江哈尼族彝族傣族自治县的“云海梯田”和“棕扇舞”元素。项目团队将梯田简化为铝板图案逆向组合排列，并结合当地非物质文化遗产祭祀舞蹈“棕扇舞”中“扇子”造型进行图案深化设计，应用于站房候车大厅，以建筑语言传递哈尼族人民对美好生活的向往。

元江站吸取当地特色雕塑，简化传统斗拱造型，采用铝板花格栅幕墙与石材幕墙结合。

元江站以提取特色建筑、云海梯田中的颜色，以棕色为主色调，灰绿、灰蓝为点缀色进行候车大厅空间的色彩设计。

元江站候车大厅吊顶吸取梯田的形态作为设计元素，简化为曲线铝板进行组合演绎。

元江站墙柱结合当地非物质文化遗产棕扇舞中“扇子”的形态进行设计，设计中体现元江人民对美好生活的向往。

橄榄坝站

橄榄坝站位于云南省景洪市勐罕镇橄榄坝。这里花开四季，青山绿水，傣家竹楼掩映在绿树丛中，是有西双版纳傣族民居和热带风光代表性的地方。

橄榄坝站以“热带风情、多彩橄榄坝”为设计理念，站房建筑面积2539.38平方米，设计规模为1站台3线。站房内部提取傣族干阑式建筑元素，应用于室内柱子装饰纹路。候车大厅以木色为基本背景色，配以干阑式民居白色、灰色为空间点缀色。候车大厅铝板造型柱以孔雀羽毛为元素，简化成图案，应用于吊顶的铝板纹样，使旅客举目即见“孔雀开屏”，传递吉祥如意的美好祝愿。

橄榄坝站候车大厅在空间色彩和质感的选择方面，从橄榄坝当地干阑式建筑提取木色为基本背景色。

候车大厅铝板造型柱以孔雀羽毛为元素，简化成图案，应用于吊顶的铝板纹样，使旅客举目即见“孔雀开屏”，传递吉祥如意的美好祝愿。

勐腊站

勐腊站位于云南省勐腊县勐腊镇，位于云南省西双版纳州勐腊县国家级自然保护区，“世界第一高树”望天树生长于此。勐腊县境东、南被老挝半包，西南隅与缅甸隔澜沧江相望。

勐腊站以“七彩桃源、风情勐腊”为设计理念，站房建筑面积2994.43平方米，设计规模为1站台3线，站房整体以当地建筑的黄棕色和望天树树干木褐色为基本背景色，搭配民居中的灰色、白色为点缀。项目团队将望天树凹凸树干造型纹理应用于墙面装饰之中，并于站房吊顶效仿当地居民干阑式建筑特色，应用铝板搭配灯光做出阶梯效果。站房装饰铝板表面刻画傣族服饰“傣锦”中常用的菱形回纹，将古老的手工纺织品元素融入站房，彰显傣族的民族特色。

勐腊站候车大厅在空间色彩和材质的选择方面，从勐腊当地建筑的黄棕色和望天树树干提取木褐色为基本背景色。

昆明南站

昆明南站是我国西南地区最大的综合交通枢纽，是国家“八入滇、四出境”国际铁路通道的重要枢纽节点，也是“一带一路”倡议中辐射东南亚、南亚的重要基础设施。

昆明南站总建筑面积 33.47 万平方米，设计规模为 16 站台 30 线，站房以“雀舞春城、美丽绽放”为主题。主立面由八片扇形盛开的孔雀羽毛构成，宛如美丽的孔雀在跳动美妙的七彩云南之舞。

建设过程中，中铁建设项目团队攻坚克难、致力创新，独创孔雀开屏状建筑空间复杂结构设计与施工技术，首创大型高铁站房九度抗震设计、建造成套技术，首次开发大型复杂建筑全寿命期三维可视化结构健康远程实时监测系统，首创大型高铁站房综合节能技术等 21 项技术；采用结构楼板地面原位拼装、分区分块整体提升的方法解决了大跨度钢结构施工难题，一次性提升屋盖近 2 万平方米。

工程荣获钢结构金奖、中国建设工程鲁班奖、国家优质工程金奖、中国土木工程詹天佑奖，是中铁建设集团首个“大满贯”获奖工程。

昆明南站站房主立面中部 28 根 S 型柱采用金色氟碳喷涂，曲线圆润，色泽亮丽；金色中庭 14 只孔雀，100 余个傣族纹样，做工精细，栩栩如生，通过采用多种细部装饰和构件等建筑语言表达出云南昆明“民族交融、国际交流”“西南枢纽、南亚之门”这一高原明珠的城市特点，塑造了现代科技与地域文化交相辉映的车站形象。

昆明南站11000平方米外“钢琴键盘”式超长悬挑吊顶主要位于主站房的南、北两侧，建筑造型采用古建筑的木椽子形式，最大贯通长410米，宽13米，五叠级阶梯布置。

高架候车大厅

候车厅西立面

候车厅南北两翼进站口

昆明南站共设东、西、南、北四个进站口。旅客进站后，经实名验证、安检进入候车室，从南北两侧检票口检票上车。车站共设 32 个检票口，144 台检票进站闸机。在整个候车室以及高架层里的商业夹层共设有 12 个卫生间，候车大厅一层的 8 个卫生间均设有残疾旅客专用卫生间和直饮水设备。候车大厅两侧上方的商业夹层，设有快餐厅、咖啡厅、便利店等服务设施，旅客可以在此度过候车时光并观赏昆明南站。

附属工程

赛色塔总部基地

老中铁路有限公司赛色塔总部基地位于老挝万象市赛色塔开发区，是国铁集团老中公司驻扎海外规模最大的行政办公、运营管理的总部。

赛色塔总部基地总建筑面积 23493.14 平方米，主要包含办公楼、员工公寓、食堂、多功能中心、变电所、羽毛球馆、篮球场、游泳池等主要建筑及相关设施。园区内高低错落热带亚热带乔木、灌木与花岗石步道合理排布，所有建筑均打造为国内常见外观，营造熟悉的生活办公环境。多项活动设施丰富职工生活，舒缓紧张的工作节奏，为远在异国他乡的职工打造绿色温馨、舒适宜人的办公环境。

赛色塔总部基地鸟瞰图

S 型花园配植丰富的植物及弯曲的小路，使花园的景致更加祥和。强调乔木、灌木、草地的多层次组合，追求人与自然相融的意境。

万象动车所

万象动车所是中老铁路国外段唯一一家“动车医院”，于 2021 年 10 月 19 日正式投入使用。

万象动车所位于老挝首都万象，总长度 1.3 公里，总占地面积 13.06 万平方米，房屋总建筑面积为 6743 平方米。主要承担以澜沧号为代表的客运 CR200J 型动车组以及普通客车的检查、测试、维修和养护等工作。

动车所主要包含 4 线检查库、不落轮旋轮库、分段式整备棚、轮对踏面诊断棚及边跨、空压机间、吸污车库、生产办公综合楼、变电所、消防泵房、单身宿舍等生产生活房屋，满足车辆整备、过夜存车、临修

安全作业门

轮对踏面诊断棚

作业等各项要求。各类用房依托中老铁路线一字排开，最大限度提升土地利用率，办公用房内人性化布局绿色温馨，确保所有列车以最健康“身体”、最佳状态在中老铁路线上安全运行。

墨江站“美丽站区”

墨江站配套生产生活用房“美丽站区”用地面积约 1 万平方米，总建筑面积 3164 平方米，绿化总面积 2634 平方米，被选定为全线“美丽站区”示范工程点，先后迎接全线各参建单位百余人观摩。

项目团队根据中老铁路玉磨段“一站一景”的特点，结合站房“哈尼风情、紫米之乡”的设计理念，深入落实景观一体化、设施人性化、植被生态化和人文艺术化“四化合一”的站区景观综合体理念。墨江站“美丽站区”房屋建筑采用哈尼族民居典型特征，房屋屋面及檐口选用青色，与墨江站整体配色相统一。“美丽站区”内包含工电生产综合楼、信号楼、公安派出所、给水所、篮球场、健身活动场地、独立乒乓球台等基本建筑与配套设施，其中职工宿舍可实现“拎包入住”，食堂整洁美观。

园区内绿化选用桂花、大花紫薇、香樟、紫叶李等多种植物，并以墨江县特有的“双胞文化”进行规划排列，花草树木“成双成对”，步道、石板、花坛双向环绕，打造观赏休闲融为一体的站区特色景观，提供绿色温馨、舒适宜人的生活工作环境。

“美丽站区”主道路采用沥青路面，其余房屋周边空地采用工业化 PC 砖及透水混凝土，围墙采用镂空景观围墙，屋面檐口均采用瓦屋面构造。

“美丽站区”景观中多处增加民族特色景观小品，提高职工生活环境质量。

人物篇

“最重的担子我们扛，最急的关头我们闯，最难的时刻我们冲，最险的地方我们上。”2020 年 4 月 30 日，中铁建设项目团队勇挑重担。

回首誓师大会上的誓言，铿锵依旧。580 个日夜，迎酷暑、抢节点、战疫情，其间涌现出多个先进个人与先进事迹，中铁建设人跑出“中国速度”，将 12 颗璀璨明珠妆点于中老铁路沿途的秀丽山河。162 名管理人员用双脚丈量着祖国西南大地，在友邻国唱响建设者之歌，驻足聆听，这其中饱含着属于他们的故事……

李双来

铁汉亦有柔情时

“爸爸，我想你了……”“爸爸你什么时候回来呀？”每至深夜难得的空闲之时，中铁建设中老铁路磨万三标项目负责人李双来便会和思念已久的妻子、孩子们打视频电话。看着可爱的孩子们，李双来眼角含泪，远隔千山万水，无法亲历孩子们的成长、解决爱人的烦恼、照顾年迈的父母，他的内心充满愧疚。

“我爱人虽然不能完全理解我的工作，但总是无条件地支持我，我一定要为祖国争光，把中老铁路建设好，不辜负爱人。”李双来明白，中老铁路的建设是关乎两国人民幸福的大事，他肩负的更是中老两国人民的期待。

从 2020 年 5 月 26 日进场后的第一根试桩成功，再到万象站主体结构完工，各个节点全部超前完成，李双来在现场一盯就是一天，像一颗钉子一样钉在现场，长时间佩戴安全帽的口罩印迹使他的脸黑白分明。万象站、蓬洪站、总部基地、万象动车所……多个工区往复奔走。在高强度的工作状态下，他的胃病反反复复，医生强制让他住院，他也是一拖再拖，而这一拖就是一年多。“不放心，项目上事儿这么多，我必须在。”面对李双来的“执拗”，谁也没有办法说服他。

在李双来的带领下，项目团队实现了中老铁路国外段全线最大的无柱混凝土雨棚浇筑完成、蓬洪站于全线率先内外全面亮相，高标准的工程建设质量多次获得老中铁路有限公司贺信表扬，成功承办了老中铁路有限公司房建工程标准化工地现场观摩会和蓬洪站雨棚实体观摩会，荣获 2020 年“中老铁路标准化工地”荣誉称号，并在 2020 年度中老铁路信用评价中获得第一名的优异成绩，让世界见证“中国质量”和“中国标准”。

孟军伟

儿子的愿望

中老铁路站房二标项目指挥长孟军伟的儿子小浩然学习成绩很好，每次考试得第一名，奶奶都会奖励他10元钱。一次偶然的机会，他在电视上看到了一段关于大闸蟹的广告。打那之后，他都会把奶奶奖励的钱存了起来。

“你存钱要用来干什么呀？”妈妈问他。

“爸爸很辛苦，我要存钱买大闸蟹给爸爸吃。”儿子暖心的话语脱口而出。

10元、20元、30元……120元，小浩然已经攒够了买大闸蟹的钱，却一直不见孟军伟回来。他问妈妈：“爸爸为什么这么忙？怎么还不回来呀？”

“等爸爸工作结束了，肯定会回来，到时候还会给你和妹妹买很多好吃的……”妈妈安慰着小浩然。

2020年8月，就在孟军伟忙得不可开交的时候，他突然接到母亲因车祸不幸去世的噩耗。

当时疫情形势严峻，从老挝回国需要隔离14天。一边是漫长的回乡路，一边是一刻也耽误不得的现场施工，孟军伟在回与不回的选择上犯了难。

“多少天都得回，公司给你批假！”在公司领导和同事的再三劝说下，他连夜驾车飞奔到万象，赶上了

孟军伟代表公司向孔子学院赠贺礼

孟军伟 2021 年春节在中老铁路站房二标项目挂灯笼迎新春

孟军伟在琅勃拉邦站进行图纸复核

当晚飞往昆明的最后一班航班，辗转回到老家。

“爸爸，我再也没有奶奶了。”看到孟军伟，小浩然哭着钻进他的怀抱，此时的孟军伟泣不成声。上次回家还是 189 天前，未曾想，与母亲这一别，竟无再见之时。

“我们暂舍小家，展一腔热忱；我们心念祖国，铸万世千秋。”2021 年 7 月，孟军伟和项目团队被西南公司评为“建功‘十三五’”先进个人和先进单位，他在视频另一端的这段发言让颁奖现场无数人潸然泪下。

吴加勇

老“铁道兵”战疫情

“物资部购置防疫物资，综合部做好宣传督导、信息打卡，工程部全天监控现场工人测温、做好卫生消毒……”2021 年 4 月，老挝疫情大幅反弹，中老铁路磨万三标项目负责人李双来正按照应急预案全面部署防疫工作，但现场 800 多名老挝籍工人该如何管理，一时间大家都犯了愁。

“经理，这个工作交给我吧。”这时 59 岁的老铁道兵吴加勇站了起来，“现在咱们的难点是生活区夜间如何保证封闭式管理，我岁数大了睡觉少，而且我当兵出身，夜间执勤对我来说算不上辛苦。”

“近千人的生活区，测温消毒、督导检查、卫生清扫，还要做与中国文化存在差异的老挝工人的思想工作，您的身体允许吗？”李双来关切地问道。

“经理，没问题的，您带着年轻的小伙子们搞生产，我来给大家做好保障！”吴加勇说道。

自此开始，吴加勇清晨便来到工人生活区门口测温消毒，楼上楼下，院内角角落落都印下了他的足迹。老挝是亚热带气候，4、5 月份气温高达 36 摄氏度以上，

吴加勇工作现场

手持消毒设备的吴加勇每消杀一遍生活区至少要挥动手臂 3000 次以上，体力消耗不亚于跑 10 公里，一圈下来，他防护服里的汗水早已将一身衣物浸透。

每到夜晚，受封闭式管理的老挝青年们耐不住寂寞，在住所放起了音乐，跳起了舞蹈。可居住在同一楼的中国工人辛劳一天，只想安静休息。双方因为生活习惯不同暴发了激烈的语言冲突，吴加勇连忙叫来翻译人员做大家的思想工作，苦口婆心为老挝工人们讲述防疫工作的重要性，使大家相互理解，一番说服工作下来，已是深夜。

为了增强老挝人民的防疫意识，吴加勇专门制作双语防疫宣传海报，张贴到每个房间，每天让翻译人员播报老挝疫情动态，并为中老工人发放了从国内购置的土茯苓、五指毛桃等药材。随着各项细致工作的落实，老挝工人们逐渐理解了吴加勇的良苦用心，也正因如此，在老挝新冠肺炎疫情暴发期间，中铁建设磨万三标项目部没有出现任何项目人员疑似或感染等情况。

张立师徒

我的徒弟叫顺发

在中老铁路国外段磨万三标的建设过程中，有这样一对特殊的师徒：师傅名叫张立，是中铁建设中老铁路国外段磨万三标的测量主管；徒弟则是项目部的一名老挝籍工长兼职翻译，早些年在广西民族大学留过学的他给自己起了一个中文名字——罗顺发。

2020 年 8 月，万象站进入钢结构施工大干阶段，经过实践培训的罗顺发已经能够独立完成部分工作，但因两国文化差异使他和师傅在工作时间问题上产生了冲突。在充分了解老挝当地人民习俗后，张立自掏腰包为罗顺发所在的施工队伍买水果吃，并为他们展示了中铁建设十余年站房工程建设历程的宣传片，让老挝工人们感受建成后工程的宏伟，了解一名铁路工匠的责任与担当。

自此之后，罗顺发开始在下班后主动留下来同张立一起整理技术资料、学习专业技术知识，他的测量技术很快便达到熟练水平。

现场勘测

“这是我见过最好学的一位老挝籍工人，我在他的眼中看到了对技术的渴望。”张立说道。

在面对不理解夜间施工的同胞时，罗顺发主动开导他们，描绘建设家乡铁路站房的光荣与自豪，调动老挝工人参与建设的积极性，更帮助项目团队解决了夜间用工难的问题。罗顺发也因为出色的表现被破格提拔为项目部工程部的一名工长，而他的薪酬也在原来的基础上翻了一倍多，实现了他为家人改善生活的梦想。

过传乐

占芭花下的誓言

湄公河畔，一对年轻的情侣朝占芭花走去，讨论着中老铁路开通后的人生规划，两人似乎定下了什么承诺，微笑着相携而行。这似曾相识的一幕，也曾在二十多年前发生过。

1992 年，国务院批准云南磨憨口岸为国家级口岸。当时，来自磨憨口岸的工程师白家祥主动响应政府号召，投身中国援助老挝的工程建设中。

慢慢地，他适应并爱上老挝的生活。一次出差，白家祥在河边邂逅了一位美丽的老挝姑娘，两人定情于占芭花树下，并从此常居老挝。

白家祥的长女白歆婷从小接受中国和老挝双重文化的教育。受父亲影响，2020 年高中毕业后，白歆婷便在中老铁路项目担任翻译和现场工程师。

中铁建设磨万二标项目安全工程师过传乐和白歆婷有着类似经历，其兄长过传德是一名爆破工程师，先后在马来西亚、柬埔寨、巴西等国参与了多项“一带一路”

过传乐

工程建设。受哥哥影响，2020 年 5 月，过传乐加入了中老铁路站房建设。

在一次活动中，过传乐与白歆婷相识，两人经历相似、志趣相投，慢慢相知、相恋。

“建好中老铁路，造福两国人民”“共建‘一带一路’，赓续中老友谊”……两人在占芭花前许下诺言。白歆婷教过传乐学习老挝语，过传乐则为白歆婷购置《铁路专业词语双文大全》等学习材料，帮助她进一步提升翻译水平。两人在工作中相互支持、共同提高。在过传乐的鼓励下，白歆婷成功获得“一带一路”奖学金，申请了四川大学留学名额。

两人相约，留学结束后，重返中老铁路继续参与铁路运营工作，履行为中老友谊贡献力量的承诺。

龚俊平

他在家乡建站房

“白鹇是哈尼族的吉祥鸟，哈尼族人的每一座房屋上都有白鹇装饰，我们的墨江站也有！”每每谈及墨江站的亮点，29 岁的哈尼族小伙龚俊平都如数家珍。

龚俊平是中铁建设中老铁路玉磨段墨江站的一名土建工程师，“来到墨江站，处处都能感受到浓郁的哈尼族风情。”龚俊平说。

为打造“哈尼族站房”，项目团队深入墨江县文化馆、社会科学院墨江县哈尼文化研究所以及民族聚落，从哈尼族人日常生活中获取灵感，先后 3 次深化设计方案，甄选图案颜色。尤其是在吊顶处，他们改变传统铝板雕刻做法，使用转印技术增添 3D 立体效果。在施工过程中，龚俊平同项目技术人员多次使用 KT 板、纸板进行预制，在确定角度、弧度、精度后对接专业厂家定制无缝铝板，确保一次安装精准到位。

面对交叉作业频繁，作为工区负责人，龚俊平凭借过去在监理单位工作的经验，化身项目内部“监理”，对站房每一个细节进行自查，提前消除不合格项。“这不仅是我们中铁建设的又一座精品站房，更是我作为一名哈尼族人献给家乡的一份礼物。”龚俊平说。最终，墨江站被树为中老铁路玉磨段全线精品站房、美丽站区新标杆，迎接了近百人的观摩。

在中老铁路全线贯通后，龚俊平留在墨江站负责运营维保工作，继续为家乡作贡献。

科 技 篇

中铁建设项目团队始终坚持“智慧建造”理念，以科技创新助力文化融合。建设过程中，项目团队广泛应用铁路站房领域先进工艺工法，将BIM信息化技术与自主研发的智能管控平台相互结合，实现过程管控动态可视化，以“精准施工”打磨站房各处细节，创造了单个面积达100平方米的万象站候车大厅吊顶曲面铝板、投影面积5252平方米的万荣站钢筋混凝土屋面、异型钢结构架多达5层的琅勃拉邦站“人”字形屋面等多项全线之最，全方位展现“中国技术”与“中国标准”。

琅勃拉邦站钢结构屋顶施工

琅勃拉邦站含双曲面“卅”字形异形结构、高差达 22.6 米的“人”字形坡屋面，异形钢结构架多达 5 层，在中老铁路全线排在首位。其中，钢结构网架自重 36.7 吨，含有 8 种规格共计 1650 颗螺栓球，542 种规格共计 6732 根网架杆件，且屋面面板为双曲及多曲面异形板，建筑结构根据造型变化找形，施工标高控制点多达 450 个，安装工序多、拼装量大、施工难度极大。

施工前期，先后有 7 家钢结构施工队伍收到钢结构屋面设计方案后，放弃了钢结构屋面施工。项目部在考察了中国国内与老挝当地 10 余家钢结构施工厂家后，最终找到了一家能够完成施工的专业钢结构施工队伍。

施工过程中，项目部制定了专项施工方案，提前安排专人对接生产厂家，采用 BIM 信息化技术，通过三维扫描逆向建模，提前对钢结构安装进行模拟演练，不断对每个杆件进行数值模拟、深化设计，提升了网架与土建连接节点控制精度；制作中老双语技术小卡片，现场分部、分段进行交底，分时分段验收，全面落实全程旁站监督制度，克服站房金属屋面层数多、跨度大、工作面不足、构件倒运困难、当地天气炎热等难题，确保了钢结构网架及其屋面安装质量。

项目部已申报实用新型专利 1 项，通过技术论文 1 篇，其中 QC 成果《提高超长混凝土站台雨棚檐口成型质量》《提高高大弧形屋面结构混凝土施工外观质量》荣获省级一等奖。

钢网架成型后效果图

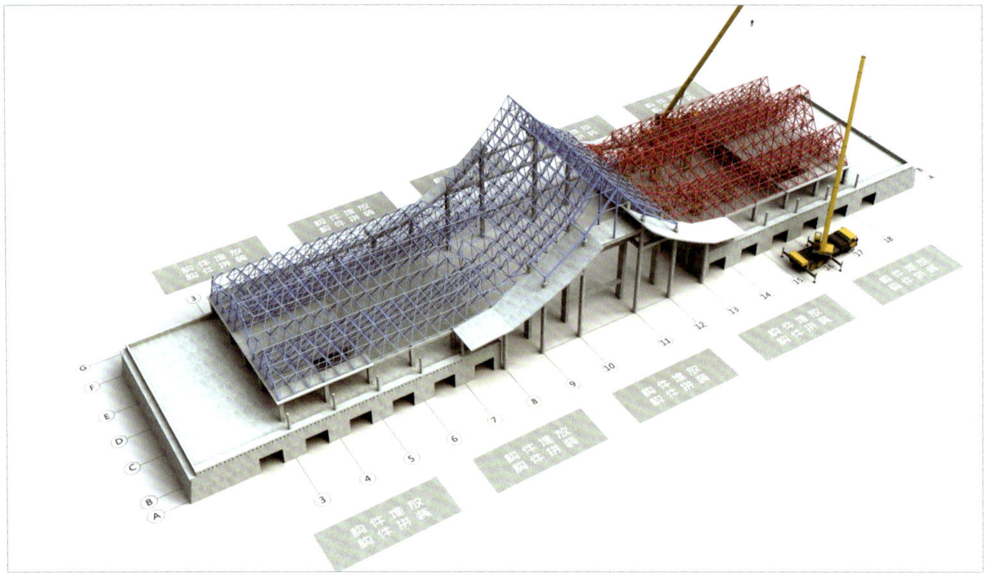

BIM 安装示意图

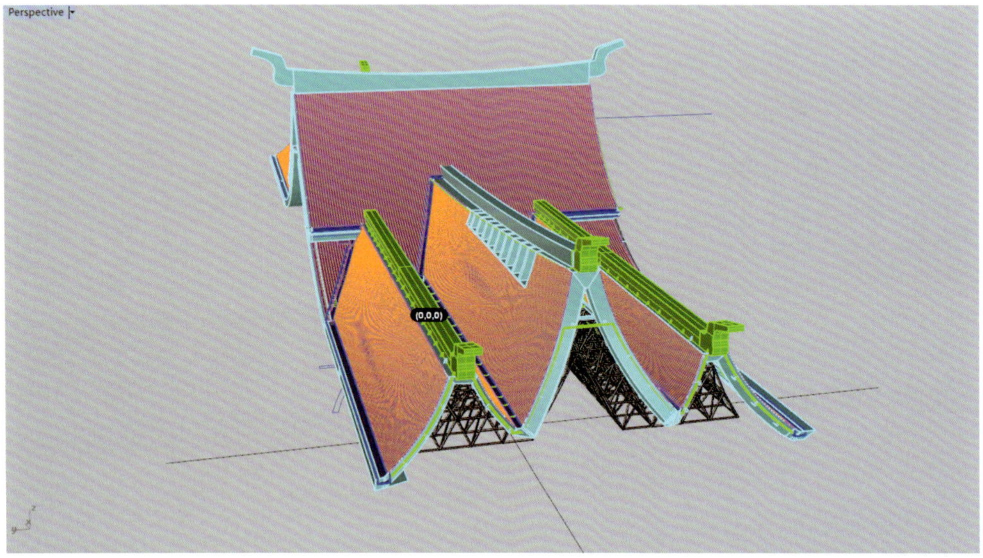

钢结构 BIM 图

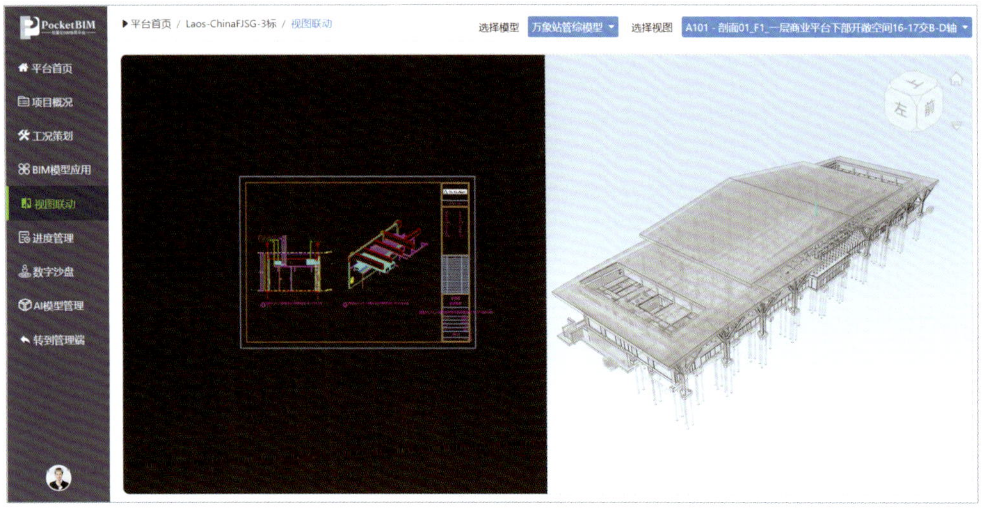

中铁建设利用自主研发的PocketBIM轻量化协同平台，广泛应用于万象站、蓬洪站屋面、候车大厅吊顶、站台雨棚施工过程之中，全面实现复杂节点技术交底动态可视化，以“智慧建造”助力“精准施工”。

昆明南站照明控制系统及机房 BIM 技术

昆明南站站房运用智能照明控制系统，可根据不同运营需求灵活方便地实现对公共空间照明的模式控制，由设备监控系统按时间、场景或其他预定程序自动开闭，以达到集中控制、方便节能、提高工效、降低运行成本的目的。

昆明南站各机房采用 BIM 技术综合排布，空间布局美观合理；管线排布整齐划一，设备阀门成排成线；承重支架落地安装，牢固美观；管道保温压花铝板装饰面层牢固美观。

结语

让“中国建造”成为共建“一带一路”的形象大使

在中国共产党成立100周年之际，在中老两国建交60周年之时，中老两国务实合作的旗舰项目——中老铁路正式开通运营。这个“地标”工程是“中国建造”的闪光名片，将成为共建“一带一路”的形象大使，为各国民众讲述共建“一带一路”的精彩故事。

在中老铁路建设中，中铁建设大力推进本土化经营，直接带动当地就业；在项目建设过程中采取严格举措，注重保护当地生态资源；更动人的是，还有建设者与当地人喜结良缘……中国央企在改善当地民生、促进人文交流等方面始终发挥积极作用，播撒友谊的种子。

大道之行，势不可挡。在开放的大门越开越大的今天，新时代的中国正以昂扬的姿态走向世界。中铁建设当以更高远的视野、更宽广的胸怀，展现大国央企的担当，让“中国建造”在世界舞台发挥更大价值，共建和平之路、繁荣之路、开放之路、绿色之路、创新之路、幸福之路，为全球路路相连、美美与共的光明前景贡献力量！